AF453489

HENRI DE RÉGNIER

tel qu'en songe

M. DCCC. XCII

à M. Jean Marras

avec mes respectueuses sympathies :

Henri de Régnier

IL A ÉTÉ TIRÉ AUSSI :

2 exemplaires sur Chine,   nos 1 à 2;
5   »   » Whatman, nos 3 à 7;
20   »   » Hollande, nos 8 à 27.

Nº 

tel qu'en songe

DU MÊME AUTEUR

HENRI DE RÉGNIER

tel qu'en songe

PARIS

LIBRAIRIE DE L'ART INDÉPENDANT

11, RUE DE LA CHAUSSÉE-D'ANTIN, 11

1892

TABLE

		Pages.
DÉDICACE.	. . . .	1
L'ARRIVÉE.	. . . .	5
L'ALÉRION.	. . . .	13
QUELQU'UN SONGE DE SOIR ET D'ESPOIR.	. . . .	27
LA GARDIENNE.	. . . .	57
QUELQU'UN SONGE D'HEURES ET D'ANNÉES.	. . . .	79
LA DEMEURE.	. . . .	109
EXERGUE.	. . . .	123

DÉDICACE

Ces divers épisodes, d'une technique composite, concourent tous à l'illus-
tion d'une sorte d'apologie emblématique du Soi qui est le but de l'en-
nble de cet ouvrage. Sans pourtant prétendre à un ordre ininterrompu
nsécutif et indissoluble, les parties en concordent assez pour que trop de
parates ne puissent empêcher de les comprendre sous ce titre de *Tel
'en Songe*, dont elles sont, chacune à sa manière, la justification.
Que ces feuilles soient bienvenues de ceux qui les voudront manier et
Jacques E. Blanche à qui elles sont amicalement dédiées.

H. R.

Paris, Mars 1892.

L'Arrivée

Les fleurs sont mortes, une à une, en le vent rude.
Voici l'ombre et le temps et j'ai touché du pied
La terre du silence et de la solitude.

Les fleurs, graves ainsi qu'un espoir expié,
Périrent devant moi déjà, et voici mortes
Les fleurs, pâles ainsi qu'un visage oublié.

L'ombre lourde a pesé sur mes épaules fortes
Et le temps m'a conduit le long de son chemin
Sans m'arrêter au seuil et sans m'ouvrir les portes,

Ni la porte d'érable ou la porte d'airain,
Ni le calme tombeau, ni la maison heureuse
Qu'annonce le cyprès ou qu'indique le pin !

Ma vie, au fond des soirs, sereine ou douloureuse,
Est dans l'ombre à jamais comme un chemin perdu.
Le passé se récuse aux grottes qu'il se creuse

Dans le flanc de la nuit et du silence dû
A son sommeil que tord toute la lassitude
De son espoir en pleurs près de son orgueil nu.

Et me voici plus seul de mon inquiétude
Parmi le crépuscule où mon pas a foulé
La terre du silence et de la solitude.

Le ciel sur mon destin ne s'est pas étoilé
Car ce n'est plus le jour, et la nuit pas encore
N'ouvre son ombre vaste où le soir s'est mêlé.

Les flûtes qui chantaient au delà de l aurore
Se sont tues, lasses de répondre à ta voix,
Lyre dominatrice de la Mer sonore ;

Les trompettes de bronze où, toutes à la fois,
Criaient les passions hâtives ou nocturnes,
Joyeuses de partir qui, de mortels exploits,

Déplorent une cendre, au retour, dans les urnes,
Toute cette clameur haute sur un Destin
S'est éteinte à travers les passés taciturnes.

Nulle fleur d'autrefois ne tremble dans ma main,
Et j'ai traversé l'eau du lac de ma mémoire
Sans la Nixe entrevue au cristal incertain.

Ma lèvre ne sait rien du fleuve où j'ai pu boire,
Ni du fruit où mordit ma joie ou ma douleur,
Parmi le verger clair ou sous la treille noire.

Si je tourne la tête, hélas! avec un pleur
Vers ce que de moi l'ombre à se taire suborne
Le crépuscule seul s'égale à ma pâleur :

Avec leur bouche, tour à tour, ardente ou morne,
Les faces du passé, sourires ou souci,
Ont fui d'un pied divin ou d'un sabot de corne.

Rien ne regarde plus celui qui marche ici
Parmi le crépuscule et l'ombre et le vent rude
Et qui songe, à jamais et seul, que te voici :

Terre de son Silence et de sa Solitude.

*
* *

Aucun signe à jamais sur toi ne se prolonge
De ce que tu semblais et que tu n'étais pas,
Et ton âme soit telle enfin qu'elle se songe ;

Sur la cendre ou les fleurs qu'elle marque ses pas,
La honte la prosterne ou que l'orgueil l'exalte,
Torches d'or du triomphe ou lampes du trépas !

Gloire ! essuie à ses pieds la poudre de la halte,
Mort ! essuie à son front l'extase du tombeau
Qu'il soit d'argile fruste ou bâti de basalte.

O mon âme, imagine enfin, funeste ou beau,
Quelque sort taciturne assoupi dans ton rêve,
Et qu'empourpre la bure, à ton bras, le flambeau !

Surgi de ton sommeil, à son tour, qu'il se lève
Celui qui dort en toi, pour déchirer la nuit,
En sursaut du suaire ou d'un geste de glaive !

Du fond de son sommeil, à son seuil, qu'il ait lui
L'emblème véridique à travers le mensonge
D'avoir été cela de n'être pas que lui.

Fleurs à la chevelure ou serpent qui la ronge,
Que la Tête sourie ou saigne sur l'écu;
Et dresse tel que toi, façonné de ton songe,

L'intérieur Destin que tu n'as pas vécu!

L'Alérion

Et brusquement on sent de l'ombre autour de soi.

L'Aigle du Casque. V. Hugo.

Be that word our sign in parting, bird!

The Raven. E. A. Poë.

C'est l'aube sur toute la plaine et sur la route...

Il a passé
Silencieux et svelte et triste et cuirassé
D'argent pur et terni comme la lune morte
Qui décline au delà des arbres de la route;
Sa face était pâle de colère morte;
Les fers de son cheval luisaient dans l'herbe courte,

Il a passé.

*
* *

Pour le calme tombeau dont l'ombre vers le soir
S'allonge et suit, hélas ! celle des cyprès noirs,

Pour y mourir autour de l'urne douloureuse !
Soit pour parer le seuil de la maison heureuse
Quand les pieds nus d'avril courent par les vergers,
Pour y fleurir au col des amphores de grès !
Selon le jeu des Destinées
Et le hasard des années
Qui veulent toutes fleurs fanées
Par l'ordre des Destinées,
A travers les prés doux où vont les blancs chemins,
Silencieuses et les mains jointes aux mains,
Les filles du vieux seigneur,
Sous leurs longs cheveux tressés de filles chastes,
En leurs corbeilles cueillent des fleurs.

Elles ont vu passer l'Adolescent hautain,
Grave comme le soir en ce jeune matin,
Et son manteau de songes et d'indifférence
Tombait à plis si purs du haut de son silence
Qu'elles l'ont regardé passer parmi les fleurs
Où la rosée autour de lui semblait des pleurs,
Et, comme il s'en allait sans retourner la tête,
Toutes, d'un long regard suivirent, inquiètes,
Longtemps, le silencieux passant disparu
Qui portait, au cimier, l'aspect morne et bourru
D'un grave Oiseau songeur en ses ailes fermées.

*
* *

A la fontaine,
Sous les hauts arbres en ramées
A la fontaine, parmi les roseaux,
Dans les calmes et claires eaux
Fraîches encore des récentes étoiles,
Les filles du vieux fermier de la plaine,
A la fontaine,
Lavent des pièces de toiles,
Près de l'aïeule filant un fuseau de laine,

Et les grands linges purs sèchent déjà sur l'herbe.

Près d'elles Il passa dans le soleil levé,
Et le cheval au gué ne s'est pas abreuvé
Dans l'eau limpide, et le cavalier n'a pas bu,
Hautain toujours, et sa tristesse n'a pas vu,

Plus clair que le ruisseau ne rit de l'eau qui jase,
Quel rire interrompait la morgue de sa face,
Ni que le morne Oiseau à son cimier debout,
Qui, dans l'air tiède, et comme éveillé tout à coup,
Ouvrant ses yeux où l'or cerclait une émeraude,
Tressaillait du soleil parmi sa plume chaude,
Lentement, d'un frisson, à ses pattes roidies,
Etira sur l'acier ses griffes dégourdies.

De la plaine et de la fontaine, vers la lande
Où les filles du vieux pâtre du terroir
Paissent les agneaux blancs et noirs
En regardant le soleil descendre
Derrière les arbres de la forêt,
Il s'en vient vers la forêt
Dont l'ombre qui grandit ronge l'or de la lande,

Il apparaît !

Et dès qu'il eut atteint l'approche des lisières,
Un vent triste passa sur toute la bruyère,
Et, dans ce vent du soir et de la solitude,
L'Oiseau lourd qui siégeait en sa morne attitude
De songe, de sommeil, de science et d'ennui
S'érigea et, haussé farouche sur l'appui
De ses griffes qui rayaient la coiffe de fer
Du casque, il se dressa d'un cri et bec ouvert.
En toute l'envergure vaste de ses plumes,
Sur le doux artisan des tâches taciturnes
Qui, svelte, indifférent, silencieux et beau
Et souriant à la révolte de l'Oiseau,
Présage d'un Destin dont était su l'arrêt
Par les arbres déjà de toute la forêt,
Tirant la pure épée à garde de cristal
Et brochant des talons les flancs de son cheval,
Hautain sous son armure et ferme sous l'écu,
Harcelé de l'étrange cimier, disparut
Parmi l'ombre des pins, des ifs et des yeuses
Dans un grand battement des ailes furieuses!

II

O Frère taciturne en songe dans mon âme
Pourquoi as-tu vêtu mon destin et mes armes
Où ton ombre à jamais est debout sur mes soirs?
Toi, beau de toute la Tristesse, avec l'Espoir!
En ton armure claire et par ta face pâle
Et qui, de ton doigt pur qu'alourdit une opale,
A ta lèvre où tout sourire s'est accompli,
Fais le signe hautain du silence à l'oubli !

Moi seul, hélas! je sais tes jours pourtant encor,
Survivant à ta vie et né de par ta mort,
Je sais ce qu'à vaincu ton glaive et quel prestige
Dissipa la vertu de ton sang dont se fige
Une pourpre oubliée avec le long secret
De ce qui t'arriva dans la haute forêt !

Je sais tes jours et la douceur de tes yeux clairs
Dans les jardins d'enfance au bord de l'eau des Mers,
Je sais tes jours parmi les fleurs et sur le seuil
De la vieille maison grave à ton jeune orgueil
D'où descendit ton âme en fête vers la joie,
Frère ! et quels clairons d'or ont sonné dans ta voie
Si haut et d'un tel train de guerres et de gloires
Que les soleils semblaient arrêter les nuits noires !

Je sais tes jours, je sais le jour et celui-là
Où l'Épée à tes mains, alors, étincela
Déjà lourde à demi de l'avoir trop songée,
Et torse du Destin dont tu l'avais forgée
Et dont l'éclair, hélas ! effaroucha l'Oiseau
Apprivoisé à ton poing d'où, fidèle et beau
De plumes de toutes les couleurs de tes rêves,
Il becquetait en paix la rose de tes lèvres
Et qui, solide et stable et lourd comme à jamais
Et pour toujours et sur tes songes, désormais
Dominateur de par ses griffes qu'il rétracte,
Ferma ses ailes d'ombre au sommet de ton casque !

Je sais quel astre vil alluma tes yeux clairs
Lorsque ta haute nef saigna sur l'eau des Mers

De la Tête mystérieuse de sa proue
Et l'aurore tragique où s'empourpra ta joue,
Et tout ce qui tenta tes lèvres et tes mains,
Et tout ce qui pleura le long de tes chemins,
Et tout ce qui maudit l'ordure de ta trace,
Et la colère et l'arrogance de ta face
A la lueur des torches hautes sur tes pas !

Vent des glaives, oh sur sa face tu passas !
Vent des soirs ton conseil lui parla à l'oreille,
Vent de l'aube qui chuchotte qu'on se réveille,
Il n'a donc pas compris vos paroles, ô vents
Du vaste ciel et de la Mer que si souvent
Je l'ai vu, quand tombait le soir ou dans l'aurore,
Debout et ses deux mains toutes rouges encore
Jointes sur le pommeau du glaive.

                            O taciturne
Nul sursaut n'émouvra donc le bloc de tes plumes,
Emblématique Oiseau qui songes et demeures,
A travers les destins, les hasards et les heures,
Proéminent témoin là immobilisé
Obstinant ta prestance où le vent s'est brisé
Sans arracher du socle autour duquel il s'use
Ta griffe indifférente et tes ailes percluses !

O Tristesse! tes soirs sont venus sur cette âme,
Tes lunes, ô Silence, ont neigé sur ces armes;
Le fracas de la gloire absurde s'est éteint
Tristesse, et le voici las, encor que hautain
Car la Douleur se porte un peu comme l'Orgueil,
Lui qui vécut parmi le tumulte il est seul,
Lui qui fut vain jusqu'à la jactance il est grave
Et lui qui fut dès toujours pâle il est plus pâle

Car la vaste forêt s'est ouverte à ses pas...

Les chênes hauts ont vu la lutte et le trépas,
Et leur silence seul a su le sort étrange
De l'Adolescent mort en son armure blanche,
Parmi les fleurs où son sang clair s'épand en flaque
Funéraire et qui s'agrandit autour du casque
Où radieux, battant des ailes, aspergeant
De ses gouttes les fleurs et l'armure d'argent
Dont les roses baisaient le métal empourpré,
S'éployait, victorieux et transfiguré
D'informe qu'il était d'ombre et de songeries,
Un grand Oiseau d'azur, d'or et de pierreries!

III

C'est le soir sur la plaine enfin et sur la route...

La dent des agneaux doux a tondu l'herbe courte,
Les filles répètent, à mi-voix, l'appel des pâtres,
Les agneaux blancs et noirs se hâtent
Et piétinent sur la route
Car l'ombre déborde de la forêt.

*
* *

A la fontaine où l'eau goutte à goutte pleurait
Avant l'aube et que vinssent les filles de la plaine,
A l'heure où pâlissent les étoiles,
A la fontaine,

Y laver leurs pièces de toiles,
L'eau claire encor auprès des arbres,
L'eau tranquille parmi les roseaux sur le sable,
Repleure ce qu'elle pleurait
Avant l'aube.

Les grands linges épars ont séché sur les saules
Et le vent les agite au crépuscule.

***

Le soir a fermé les campanules !
Voici déjà mortes les hémérocales
Et les lis d'eau dejà fléchissent sur leurs tiges ;
Les roses sont un sang qui se fige
Et s'égoutte, pétale par pétale ;
Et les filles du vieux seigneur s'affligent,
Toutes assises
Au talus de la route avec leurs fleurs fanées,
Tristes emblèmes
Où se songeaient leurs Destinées.

Et celui qui passa sous l'armure hautaine
N'est pas revenu de la forêt
Qui crispe au ciel, là-bas, les cimes de ses chênes.

*
* *

Ni les filles là-bas qui mènent les agneaux,
Ni celles qui lavaient le linge au fil de l'eau
N'ont vu, de la forêt massive sur le soir,
Grave comme la Mort et beau comme l'Espoir !
Monter, mystérieux et brusque en le ciel vaste,
L'éblouissant Oiseau qui s'envola du casque
Et sur la plaine, au crépuscule rose et mauve,
Promena la lenteur de son vol grandiose ;
Ni les douces Enfants qui rêvaient côte à côte,
Assises l'une auprès de l'autre en l'herbe haute,
Ne l'auraient aperçu s'il n'avait, en passant
Sur elles secoué ses ailes d'où le sang
Dégouttait sa rosée au bout des longues pennes,
Pour lever les yeux de leurs faces incertaines,
Et leurs mains qui tenaient de pâles fleurs, vers lui,

Oiseau de songe et d'or éperdu vers la Nuit !

Quelqu'un songe
de Soir et d'Espoir

La tristesse t'a fait signe chaque soir.

FRANCIS VIELÉ-GRIFFIN.

Mon Ame s'est songée au miroir
Que ta main haussait en face des calmes soirs!
Et nous allions, ó Vigilante,
Le long des grèves de la Mer,
Et nous allions ensemble
Dans le vent amer,
Moi plus rapide et toi plus lente,
A cause de ta robe d'ombre et de cendre
Et de ta chevelure lourde d'ors pâles,
Parmi les dunes où l'eau mirait tes opales
Pareilles à des peines vigilantes,
Anciennes et presque mortes — loin de l'Espoir !
Et les soirs
Apaisés ou tragiques ou calmes
Se reflétaient, avec mon âme,
En ton miroir
Mystérieux, pacifique et profond et calme!

J'ai songé mon Destin assis à tes pieds nus,
Parmi les palmes du jardin près de la Mer;

L'Ennemi m'a vêtu d'or, de soie et de fer,
Et les doux sorts ne sont pas venus.

J'ai songé mon Destin mourir devant ta gloire,
Cuirassé d'un orgueil gemmé de sang jailli,
Et mes aurores ont vu le soir vieilli
Avant que l'ample pli
Du pennon ait flotté le long de la hampe noire
Au dessus du vent de l'oubli !

O Vigilante en qui survit ce qui n'a pas été,
O toi dont la mémoire est fidèle à ce qui fut tenté,
O toi dont le miroir mire ce qui ne s'y est pas refleté,
Toi, douce aux mains vides,
Aux pauvres mains sanglantes et mal guéries,
Indulgente aux vêtements sordides,
En l'indifférence de tes pierreries,
Vois la Mer est si triste et le Soir est si beau
Que je veux que ta main me conduise vers l'ombre
Parmi le vaste vent sorti de la Mer sombre.
A la cendre des jours encor chaude au tombeau
J'allumerai l'éclair ravivé du flambeau
Que doublera ton miroir,
Et, pâles de Songe et d'Espoir,
Nous entrerons joyeux par les Portes du soir !

C'est l'Espoir !...

Comme des ailes faibles dans le crépuscule
Si loin que c'est le vent peut-être ou le frisson
De ta pâleur sur ta face, ô taciturne,
Devant quelque ombre en les cyprès du bois nocturne,
Parmi les asphodèles graves du gazon,
Ou des pas que le vent simule aux campanules
Des bleus treillis du vieux jardin de ta raison
Où ton âme se connaît moins au crépuscule.

C'est l'Espoir !...

Écoute il est assis au bord du fleuve,
Si près de l'eau que ses ailes trempent dans l'eau,
O les antiques ailes en l'eau toujours neuve
Qui fuit et mouille le plumage de nouveau,
Le plumage des grandes ailes dans l'eau.

C'est l'Espoir !...

Mais voici l'aube et l'heure pâle
Où ta face est plus triste encore et taciturne
Et folle de mornes alarmes
En tes mains à travers qui coulent, une à une ,
Tes larmes.

Le vent efface des traces de pas nus aux sables...

C'était l'Espoir
Qui fut assis dans l'ombre auprès du fleuve noir !

II

Les grands vents venus d'outre-mer
Passent par la Ville, l'hiver,
Comme des étrangers amers.

Ils se concertent, graves et pâles
Sur les places, et leurs sandales
Ensablent le marbre des dalles.

Comme de crosses à leurs mains fortes
Ils heurtent l'auvent et la porte
Derrière qui l'horloge est morte;

Et les adolescents amers
S'en vont avec eux vers la Mer !

III

Je sais de tristes eaux en qui meurent les soirs !
Des fleurs que nul n'y cueille y tombent une à une...
Je connais d'antiques miroirs
Habitués à des faces de taciturnes
Qui viennent s'y songer autres du fond des soirs.

Viens vers les eaux avec le soir derrière toi
Et ton ombre allongée à tes pieds comme une morte !
Comme ta vie est loin apparue en l'eau morte,
Comme ta vie est loin des soirs sur les bois
Et des soirs en rayons au seuil des portes
Et sur les vastes et vieux jardins et les toits...

Après tant d'Étés que d'Automnes sont mortes !

Viens dans les calmes eaux laver tes mains coupables
Et ton manteau froissé de vents et d'orages

Et les yeux aveuglés du sable
Des routes d'ombre et des plages
Interminables à tes voyages
Des terres de folie au pays des sages
Où l'eau terne languit en âges de sommeils
Parmi les arbres grêles et sous de pâles ciels.

Le vieux miroir t'attend pour te montrer ta face
En un sourire encore à travers le passé
Et pour qu'il certifie à ton ombre qui passe
Qu'elle est le songe enfin de ce qui s'est passé.

Viens, ô mon Ame, et pour mieux voir,
Lave le tain et le biseau du pur miroir
A cette eau morne et taciturne, un soir !

IV

Tristesse ! mon Ame est dans tes voies
Et pleure aux cippes de tes chemins,
Ton fardeau pèse à ses épaules que tu ploies,
Tes asphodèles se fanent entre ses mains.
Tes chimères agonisent au pli des soies
Qu'elle traîne dans la cendre de tes chemins !

Tristesse ! mon Ame est sur tes pas ;
Elle te suit le long du fleuve et de la haie
De toute la hâte de ses pieds las.
— Le vent pleure dans l'arbraie —
Elle s'entrave dans sa robe et folle, hélas !
Te tend les bras...

Tristesse ! mon Ame est sous ton aile.
Vous marchez côte à côte ainsi comme deux sœurs
Dont l'une plus faible chancelle

Et dont l'autre a de grandes douceurs
Pour la plus faible qu'elle couvre de son aile !

Tristesse ! mon Ame est dans ton ombre.
Mène-la si loin que le soir
Y soit grave et calme et le jour sombre,
Mène-la si loin que l'Espoir
Ne l'atteigne du vol rose et noir
De ses ailes de gaze et de moire,
Mène-la hors de la mémoire
Vers les Sept Demeures de l'Ombre !

V

Qu'une main mène mes Douleurs
A la fontaine taciturne
D'une eau où se sont joints leurs pleurs,
Mornes et graves, une à une,

Mon Ame avec ses pâles Sœurs !

Qu'ils aillent, ô mes Désespoirs,
Parmi l'oubli du bois nocturne
Suspendre aux arbres les plis noirs
De leurs tuniques, une à une,

Plus en pièces de soirs en soirs

Et je pencherai sur l'eau calme
Ma face pâle et taciturne,
Toutes mes peines et mes larmes
Avec mes douleurs, une à une,

Qui sont les Sœurs de ma Fortune.

VI

Si ton âme n'est pas, ô mon âme, selon la vie,
Et si l'orgueil subsiste en tes songes du soir
Qui s'entêtent à quelque espoir,
Plutôt que de rester si tard à ta folie,
Songe à l'Été, songe à l'Automne,
Souviens-toi des Mais brefs qu'Octobre prompt talonne
De tout le poids du vent sur les herbes courbées !

Oh va vers ta demeure où pleurent les clepsydres
Muettes des heures tombées
Dont le silence pleure et vibre
A côté du sablier vide,

Oh va vers ta maison où le vent a, dans l'ombre,
Ouvert la porte avec ses ongles...

O Regret, ô Douceur, ô Sagesse !
Quel vieux Destin obscur à ce sort nous filie

D'être ainsi que le veut la fatale détresse
Qu'il faille que le soir succède à l'embellie
Des matins et que la liesse
S'ensuive de mélancolie

O mon âme te voici selon la vie.

VII

L'Épée et l'Eventail, le Fard et le Bouquet,
Un masque superpose un rire au pleur des faces,
Une chimère étrange en la soie aux rosaces
Se mire dans l'ébène et le buis du parquet.

Qu'est-il donc de si lent à mourir et si pâle
Dont tant de crépuscule encor n'ait eu raison
Et qui réfugié parmi la vieille opale
Y conserve la paix de l'antique Maison.

O folâtre folie enfin que s'attribue
La nôtre et l'éventail disperse au vent du soir
Tout souci, là, comme un papillon rouge et noir
Qui vole sur la coupe où la Mort sera bue.

VIII

O Sœur ! veux-tu vêtir tes âges et tes soirs
Selon les vrais destins qui telle t'ont voulue
Souriant en face des miroirs
Ton silence où ta paix enfin se constitue ?

Veux-tu vêtir tes soirs selon l'usage et l'ordre
Que t'ont signifié le silence et la pierre,
Selon la ruine et l'opprobre,
Et la poussière.
Et les songes féaux de la maison de pierre ?

Pour bien accouder ta Tristesse
A la haute fenêtre où tes jours passeront
A voir la plaine et le vieux pont
Et les routes et la forêt et des ciels d'ouest,
Où les soirs périront

Vêts les glauques satins faux comme l'Espoir
Où luisent les plis en coupures de glaives,
Les satins nués semblables à des eaux claires
Parmi les grèves,
Menteurs de toute la fallace des miroirs,
Et les moires d'ongles griffées,
Et la soie
Qui frissonne comme la joie,
Et les brocarts croulant d'abondances et de trophées!

O Sœur vêts les durs Sorts où les Destins te ploient
Selon tes songes, hélas, et selon la vie;
La honte seule envenime les soirs,
Un sourire est plus beau d'une face pâlie,
Et la Douleur est douce encor qui fut l'Espoir.

IX

Mon Ame les vois-tu venir?

Ce sont tes frères les Espoirs
Qui heurtaient à la porte au travers de la haie,
Les doux venants de l'aube gaie,
Les fiancés de la Belle Dame de Tyr,
Les favoris de la Dame folle et gaie
Qui s'accoudait au balcon pour les voir
Comme ils passaient par la roseraie
Avec de si doux yeux à nul ne leur mentir.

Mon Ame les vois-tu venir?

Ce sont tes frères les Désirs
Avec leurs faces impérieuses et suppliantes
Et leurs guirlandes d'amaranthes
Et de soucis, et de riantes

Lèvres qui pleureraient vite
A quelque dur déni d'un destin obstiné,
Tu sais où leurs regards jadis t'ont conduite
Pauvre Ame en qui le soir, comme une autre âme, est né,

Pauvre Ame les vois-tu venir?

Ce sont tes frères les Souvenirs ;
Ils marchent sur des feuilles mortes
Et portent des miroirs où leurs faces pâles
Se confrontent à d'autres faces, les mêmes et plus pâles,
Ils savent tous les coins des vieux jardins et les ombres,
Et les clefs de toutes les portes,
Et l'âtre doux en reflet aux dalles.
Et la maison filiale d'aïeules graves,
Et d'autres qui teillaient le chanvre sur les portes
Auprès de celles qui sont mortes.

Pauvre Ame les vois-tu revenir
Espoirs, Désirs et Souvenirs,
Ces doux frères que te ramène
Une amertume bue à la même fontaine.

Vois tous les soirs sont morts au large de la tour triste
Qui plonge au marais noir ses murs que verdit l'eau,

Ton diadème est lourd d'une antique améthyste
Et tes cheveux d'or lisse échappent du bandeau,

Et ta robe s'efface en chimères fanées.

Le vent qu'elles plus las te chante les Années.

Regarde les voici qui viennent,
Une à une, les anciennes
Et du plus loin qu'il te souvienne,

Pauvre Ame,
Ombre de la Tour morne aux murs d'obsidiane !

X

Des faces graves sont au fond de nos Espoirs !
Graves sous l'or qui les couronne
De fleurons de flamme et de jaspes noirs,
Et leur regard évoque un songe où des mains donnent
La main aux mains sûres et bonnes
De celui qui les va guider, le bel Espoir,
Vers nous, pour qu'en nos soirs,
Rayonnent
Les douces faces à jamais sur nos Espoirs !

Des faces tristes sont au fond de notre joie...
Pour de guirlandes que s'ornent les cyprès
Leur ombre est-elle moins triste sur les prés,
Si longtemps que le crépuscule atermoie
Ne faut-il pas qu'il choie ?
La Chimère qui grimpe de ses griffes aux fleurs des soies
Retombe des plis déchirés,
Le sourire s'aggrave de soins invétérés

Et toute Douleur larmoie
Aux faces, hélas, de notre joie.

Des faces pâles sont au fond de nos passés...
Dans l'ombre
Où s'annulent des opales dépéries,
Où s'éteignent des rubis lassés ;
Des songes pâles errent par la forêt de nos passés
Et pleurent aux sources taries
Qui ne mireraient plus leurs faces effacées,
Et les soirs aveugles aux pierreries
Ne savent plus où ont passé
Les faces pâles de nos passés.

Des faces mortes sont au fond de nos silences ..
De grandes ailes ont plané sur les eaux.
Le marbre et le basalte et l'ombre et le silence
Erigent, dans la Nuit, des tombeaux
Où la face sculptée au fronton du silence
Eternise sa vigilance
A revoir sa durée aux taciturnes eaux.

Quels beaux Espoirs dorment au fond de nos silences
Près des Passés assis au seuil de leurs tombeaux !

XI

Par les chemins de ma tristesse il est venu
Avec le vent léger en sa chevelure,
Avec sa face de pâle aventure,
Il est venu,
Il était nu,
Et des fleurs tristes se fanaient à ses mains pures !

O Voyageur qui reviens du fond de moi-même
Tes pas ont foulé les grèves de mers mornes,
Tes pas lointains ont remué des feuilles mortes,
Tu as frappé à bien des portes,
Tu as compté bien des bornes ;
Tes lèvres ont bu l'eau de mes fontaines,
Tes lèvres sont blêmes
De leurs eaux mortes
Où tu te mirais à toi-même !

O Voyageur qui reviens du fond de mon Songe
Les oiseaux ont fui dans la forêt,
La Licorne a cassé la longe
Dont tu la menais,
Mes lacs se sont changés en marais
Et mes rosiers en cyprès ;
La grotte merveilleuse est un antre de ronces,
Et tu errais
Avec ton ombre.

Par les chemins de ma Tristesse, ô Revenu
Avec ta face de pâle aventure
Et du sang à tes pieds nus
Assieds-toi le soir est venu
Voici le pain et le manteau de bure,
Et le silence où tout s'endure
Comme si rien n'était survenu...

XII

Les bouquets sont fanés au fer des lances,
Les rubans sont déteints à la poignée
Des glaives clairs encor de victoires saignées
En un val de silence
Par delà les Années...

Et le retour s'en vient, par le soir et les chemins,
En chevaux bronchant aux cailloux,
En mors ébroués aux vieilles mains,
En cuirasses saignant par le crible des trous,
En défilé triste par les chemins
Et les sentes en lacis,
Entre les blés et les semis,
Sous le vol sinistre des oiseaux de souci,
En cors où se sont tus les grands souffles hautains !

Et le soleil est noir en les écus ternis !

Les bouquets sont fanés à la pointe des lances
Et les pommeaux ornés de rubans de vaillance
Heurtent la porte de la demeure du Silence ;

Et sur le lent retour qui chevauche, un à un,
L'ombre descend du vieux palais comme quelqu'un,

L'ombre du vieux Palais descend comme quelqu'un !

XIII

De l'antique tempête et des soirs morts sur des mers mornes
Par les routes où les bornes d'onyx marquent les carrefours
Des galops à travers les portes en arcades,
De la vigie au sommet des tours,
De l'orgueil ou de quelles amours
Es-tu revenu, et par quel decours
Des vieux Espoirs t'a ramené là ta Fortune
Pour que ta lèvre ait tant d'amertume,
Et quel Destin
Triste et hautain
Ploie à ton poing le vol d'un oiseau taciturne ?

Bel Oiseau !
Dis-nous pourquoi ses vêtements sont en lambeaux.
Tes yeux brûlent parmi ton plumage de fer,
L'escarboucle scintille à ton bec taciturne,
Tes griffes d'or empoignent sa chair,

Et quand tes ailes d'ombre ouvrent leur vol sur lui
Elles le couvrent d'une mystérieuse nuit.

Bel Oiseau, si tu ressembles à ses Songes
De tout ton vaste vol immobile à jamais,
La tristesse s'augure à ton emblème sombre,
Ne revoleras-tu vers l'antique forêt
Vers les soirs de tempête et la mer et les dunes
Pour guider ses pas plus lents à l'aventure,
Et verra-t-on encor passer parmi la gloire,
Avec la claire épée et l'armure noire,
Le périlleux Errant dont le casque s'emplume
A son morne cimier d'un Oiseau taciturne.

Mon Ame s'est songée, hélas ! et jusqu'en l'ombre
Elle a suivi qui lui semblait être comme elle,
Selon quelque face fraternelle,
Selon quelque voix aux leurres de réponse,
Selon une ombre,
Elle a marché, parmi les roses et les ronces,
A travers la prairie éparse d'asphodèles,
Par la route, la sente et la grève,
Le long du fleuve, de la haie et de la mer,
Avec l'Espoir et la Tristesse, tour à tour, et le Mensonge,
Avec l'Orgueil aveugle et que mène la Honte
Elle a marché
Pauvre âme taciturne et folle et lasse et prompte
De s'être ainsi songée à suivre au loin son ombre.

O Vigilante
Nulle face en l'écho ne t'a jamais souri
Nulle fleur qui ne fut ton sang à tes pas n'a fleuri
Nul soir qui ne fut ton âme n'a péri

Tu ne sais rien dont déjà tu ne te souviennes,
Et les plus vieux chemins ne mènent pas ailleurs,
Par la joie ou les pleurs,
Qu'à toi-même,
O Vigilante !

Laisse dormir en toi les taciturnes eaux
Où ton songe penché se mire à ton silence ;
Le vent triste frissonne à ta robe en lambeaux
Ta robe déchirée à l'angle des tombeaux,
Sois silencieuse, ô vigilante,
Eteins du pied la torche où brûla ton orgueil,
Et du feu qu'elle expire allume l'humble lampe,
Et ne dépasse plus le seuil
De la maison où l'âtre en cendre
Croule en décombre ;
Ferme ta porte
Et que la paix du soir apporte,
Son ombre sur ton ombre !

La Gardienne

Je m'apparus en toi comme une ombre lointaine.

Stéphane Mallarmé.

PERSONNES EMBLÉMATIQUES

—————————

LA GARDIENNE.
LE MAÎTRE.
LES DEUX FRÈRES D'ARMES.

—————————

Une antique forêt, sur une colline, environne un vieux manoir en ruines
parmi d'incultes jardins.
Un seuil de pierre exhausse une lourde porte disjointe et close.
Le Maître sort de l'un des sentiers de la forêt, soutenu par ses Frères
d'armes.
Le soleil décline derrière les arbres; il effleure de jaunissantes cimes et
les toits du Manoir.

LE MAÎTRE :

O forêts, belles de solitaires automnes !
Mon enfance a tressé vos feuilles en couronnes
Et vous avez grandi sur l'oubli de mes pas,
Hélas !
Et vous avez vieilli d'aurores et d'automnes !

O retour, ô tristesse, ô soir !
Comme les sentiers sont noirs
Qui mènent vers le vieux manoir ;
Les herbes et les fleurs sont mortes,
Sous le feuillage des branches trop fortes,
La mousse ronge les écorces
Comme la rouille les claires lames torses,
Comme le temps les beaux Espoirs.

O tristesse, ô soir !

L'UN DES FRÈRES D'ARMES :

Seigneur, voici, parmi les arbres,
Le vieux château que vous voulûtes
Revoir, à cette heure de fièvre et de larmes
Où vos glorieuses blessures saignaient sur vos armes,
Alors qu'en votre Ame,
Ainsi que des clairons se taisent à la flûte
D'un pâtre parmi son troupeau qui broute et bêle,
Des songes tressaillirent où se renouvelle,
Avec ses soirs mornes et ses aubes belles,
Tout le passé muet que l'angoisse interpelle.

Voici le vieux château de ciment et de marbre,
En sa douceur d'abandonné,
Parmi le jardin sans arbres,
Et ses murs vétustes et frustes
Et les guirlandes du portail et les volutes !

LE MAÎTRE :

Merci, au nom du seuil où vous m'avez mené.
Le Passé, c'est le soir derrière la forêt
Et la mer par delà les plaines, les landes, les grèves ;
C'est l'ombre où l'oiseau disparaît

Qui saigna d'une flèche à l'aile,
Pour avoir plané sur les piques, les arcs et les glaives.

Merci, frères, vos pas m'ont rouvert la forêt
Et mon âme est rentrée en le lieu de ses rêves.

Il s'avance de quelques pas. Les Frères d'Armes le considèrent et alternent à mi-voix.

L'UN :

L'Epée entre ses mains, hélas, a lui ! La torche
Hautaine n'éclairera plus le vaste porche
Du Palais que sa gloire à la gloire a construit.

L'AUTRE :

Et les soirs passeront aux faces des Années
Et les Braves pleureront les aurores nées
Après que le Héros a pris fin dans la Nuit.

L'UN :

O quel renom pourtant se relègue en l'oubli :

L'AUTRE : .

Gonfalon dont le Temps roidira l'ample pli !

L'UN :

Lance haute que rouilleront la pluie et l'ombre !

L'AUTRE :

Glaive jusqu'à la garde entré dans le sol sombre !

ENSEMBLE :

Voici que le Destin consulte le Destin !

LE MAÎTRE :
qui se retourne vers eux.

Amis ! mon soir en pleure retourne à son matin,

Ma faiblesse chancelle et s'étonne à survivre,
La coupe d'or menteur avait le goût du cuivre
Et si j'ai bu l'orgueil et son ivresse étrange :
La honte ! et le breuvage triste de la gloire,
Son amère fumée est morte en ma mémoire
Et je me sens un autre, enfin, et l'heure change.
Il tire l'épée suspendue à son côté.
Allez, voici le Glaive illustre, et du pommeau
Où la gemme oubliera la main qui l'a polie,
Mon poing, depris du soin de l'antique folie,
Heurte, en ce soir de paix, la porte du tombeau.

Ouvre toi, dur ventail que le Temps a scellé,
O murs, ô salles ! et toi, doux âtre,
Luis pour le vagabond et pour l'inconsolé
Et sèche le manteau de l'errant et du pâtre.
Porte où, le soir, nul n'ôtera la clé !
Et que les passants pâles et les mendiantes
Abritent leur misère sous ce toit
Où vient songer celui dont les mains bataillantes
Renoncent à l'Epée et maudissent l'arroi,
Et ce glaive je vous le donne.

Adieu, Frères, priez que l'ombre me soit bonne,
Que mes mains qui, d'un geste, ont rué par les soirs
Le galop des chevaux aux moissons des terroirs,
Et qui haussèrent le pennon et dont l'anneau
Luit d'un rubis qui semble du sang mort dans l'eau,
Obtiennent le secours d'être à jamais oisives
Par l'ample ablution à des fontaines vives !
Que ces coupables mains, ô larmes, soient absoutes
Du crime de la lutte et de l'orgueil des joutes,
Par les femmes en deuil qui pleurent sur les routes,
Par les morts oublieux qui dorment sous les voûtes.

Adieu, je vous salue au seuil de la paix calme,
Au nom du vieux laurier amer et de la palme,

Vous dont la Vie ardente était selon sa loi,
Vous qui fûtes ce que je fus et mieux que moi,
Vous pour qui la forêt est de l'ombre ample et fraîche
Sans qu'un fantôme pâle à jamais vous y cherche,
Et qui ne cachiez pas, sous l'étoffe et l'armure,
Le regret mal fermé de quelque plaie obscure,
Et qui ne traîniez pas le poids désespéré
D'un lourd manteau de songe à demi déchiré.

Quand vos pas seront morts comme mourra ma voix,
Avec l'adieu suprême enfin qui vous conjure
D'oublier au départ les chemins de ce bois
Et le château désert où mon âge se mûre,
Il ne restera plus, de qui brandit le glaive
Injurieux parmi la plaine et sur la grève
Où ses pas au couchant saignent peut-être encor,
Qu'outre quelque renom qu'amoindrira la Mort
Quelqu'un qui vient, un soir, vers le château qui tombe
Pierre à pierre ainsi que nos jours vont à la tombe,
Voir, s'il ne reste rien dans le Songe et la Nuit
De ce qui fut un autre et de ce qui fut lui,
Et confronte, au seuil que la ruine encombre,
Son Ame, face à face, hélas, avec son ombre.

Les Frères d'Armes disparaissent dans la forêt. Le vent du soir frissonne et à travers les arbres, au ciel, un peu assombri auparavant, les derniers éclats du couchant rayonnent.

Le Silence a baisé mes lèvres pâles,
Des souffles passent sur mes mains
Et le crépuscule se hâte
De m'enfermer loin des chemins.

Voici le terme enfin et la suprême halte.

Ma blessure se ferme et pleure
Sur ma chair que le sang effleure.

Le tragique passé se meurt avec le soir !

Lui qui marchait à mon côté,
Il m'a quitté,
Je ne sens plus sa main dans la mienne,
Je ne sais plus les routes où il m'a conduit
Parmi l'orgueil, l'alarme et la lutte et le bruit,
Il m'a laissé là pour que je revienne
Seul à la demeure ancienne
Où sa main avait pris la mienne.

Un jour :

N'était-ce pas au printemps d'une année
Que je ne vis pas fanée,

Les roses montaient jusqu'à la pointe des tourelles,
Le jardin était fleuri selon mon âme,
Les colombes volaient autour des tourelles,
Et le retour des tourterelles
Était si proche qu'elles roucoulaient dans mon âme,
Déjà, et que l'aurore et mon âme pâles
Étaient pleines de fleurs et d'ailes.

Les paons erraient parmi les bleus héliotropes
Et rouaient leur gloire qui trône
Et d'elle-même s'enveloppe !

Et je tressais des fleurs en couronnes,
En couronnes jamais fermées,
En guirlandes jamais finies,
Et mon amour brûlait en les mélancolies,
Comme la jeune flamme à travers les fumées.

Ses mains enchantaient l'aurore autour d'Elle,
Et j'étais auprès d'Elle
Et j'étais enchanté,
Elle était tellement à moi,
Elle était tellement en moi,
Que je la cherchais dans le silence,
Que je la cherchais en fermant les yeux.

Le tiède soleil ruisselait sur ses cheveux,
Le matin rayonnait sur nos adolescences.

O Deuil! alors un cri, de la plaine éblouie,
Monta parmi notre candeur évanouie,
Et sur un tertre en fleurs que foulait leur pied dur,
A travers le repos de l'heure et de l'azur
Et le songe sacré de paix et de silence,
Quatre Hérauts, debout à côté de la lance
Que chacun d'eux avait plantée auprès de soi,
Vêtus du lourd tabard où luisent dans l'orfroi
Les écailles de l'hydre et les dents de la guivre,
Sonnaient le buccal cri de leurs buccins de cuivre

Et l'armée autour d'eux couvrait la plaine en fleurs!

Armures d'argent clair où l'art des émailleurs
Avait gemmé de claires gouttes de rosée,
Casques où s'éployaient, l'aile haute ou brisée,
De grandes aigles en leurs plumages de fer,
Glaives éblouissants et tors comme l'éclair,
Tout l'appareil brutal de sang et de victoire
Et les chevaux et leurs caparaçons de moire,
Les poings durs qu'emmaillent d'acier les gantelets,
Les torses amples et bombant les corselets

Et des faces d'orgueil qu'empourprent des colères
Où la huée éclate au cuir des jugulaires,
Et le cuivre et la soie et l'airain et les ors,
Et les pennons oscillant au souffle des cors,
Cavalcade farouche et dont le bruit dur sonne,
Derrière qui nul blé, hélas, ne se moissonne,
Toute la horde lourde et le pas cuirassé
Au travers de mon songe en criant ont passé,
Et fol enfant, avec les colombes fleuries
Et les paons éperdus à travers les prairies,
Loin de l'Amie en pleurs qui m'avait pris les mains,
J'ai suivi, sur leurs pas qui heurtaient les chemins,
Le prestige casqué des fausses Destinées
Jusqu'au soir où voici, vers les tours ruinées
Et vers la maison vide et le jardin désert,
Que mon âme revient des hontes de la chair;
Et sur les jours passés, assis à l'âtre en cendre,
Toute l'ombre où mon soir s'efface va descendre.

Mourez, ô visions, dont l'erreur se dénude!
        Dans la plaine, les clairons de l'armée qui se disperse, sonnent.
Et tu hurles encor, jusqu'en ma solitude,
Cri tenace, brutal appel répudié,
Mensonge de toute ma tristesse oublié!
Parmi la ronce ardente et l'ortie et l'épine,

Comme un chien accroupi au bas de la colline
Qui lèche les talons et qui mordrait les mains,
Tu pleures tristement à l’angle des chemins
Et ta plainte où l’orgueil, comme une bave écume,
Ne trouble plus ma vie en proie à l’amertume
D’avoir où tu voulais suivi ta sonnerie
Et mon manteau de deuil couvre ma chair meurtrie.

Les clairons sonnent et diminuent.

Et je vous hais, clairons farouches, dont l’accord
Retentit longuement dans mon songe où la Mort
S’accoude pour dormir à côté du Silence,
Je vous maudis, éclairs du glaive et de la lance,
Soirs de gloire arrachés à des vaincus amers,
Et froides nuits sous les étoiles près des mers,
Et toi, stupide Orgueil, en qui salue un hôte
La Colère, debout avec sa torche haute,
Marches rudes le long des fleuves et des bois,
Mains sanglantes qu’on lave à la source où je bois
Et blessure empourprant la fontaine où je pleure,
D’avoir, hélas ! selon la maîtrise de l’heure
Mêlé ma face pâle à ces faces d’orgueil
Insultant quelque veuve assise sur le seuil
Qui voue au noir Destin mon nom qu’elle injurie.

Et je vous hais, pennons, pour cette allégorie

Que secouait le vent du soir, ample en vos pans !
Hampe où s'accroche l'ongle des griffons rampants,
Et votre saut cabré, licornes pommelées
Dont l'embleme emportait, à travers les mêlées,
Ceux dont l'âme pareille aux bêtes du blason,
 Les regardait surgir au ciel de l'horizon
Où leurs griffes luisaient dans le vol de leurs ailes !
Armures que le trou des blessures mortelles
Hérissa d'un faisceau de flèches et de traits,
 Triste apparat et vaine emphase où tu riais,
Soleil ! comme au miroir des cuirasses saillies
Hors du lourd manteau noir de mes mélancolies
Dont le lambeau demeure aux branches du passé
Le long de la forêt où nous avons passé,
Taciturne, et songeant qu'à travers le bois sombre
Mon Ame me suivait peut-être comme une ombre,
Fidèle à la douceur reniée et mêlant
Des larmes au cri dur du combat turbulent,
Avec ces douces mains pour les chairs entamées
Qu'ont les femmes en pleurs qui suivent les armées.

Le couchant s'est éteint. Crépuscule.

Reçois-moi, ô manoir, pauvre d'abandon,
Ouvre ta porte comme un pardon,
Sois celle qui n'est plus et celui que je suis.
Que ta ruine croule pierre à pierre, sur ma détresse,

O salle vide, sois mon hôtesse,
O toit, que nulle étoile ne luise sur mes nuits
Je suis le désastre et le deuil
Qui s'agenouillent sur le seuil.

O douce oubliée, si dans les soirs
Où tu pleurais sur la terrasse,
Où tu pleurais devant ton miroir,
Où tu pleuras seule et lasse,

Si tes lèvres ne m'ont pas maudit de tout le reproche de leur pâleur.
Si tes tristesses m'ont pardonné de toute la bonté de leur douleur,
Si ta bouche ne fut pas aride de m'avoir appelé en vain,
Si tes yeux ne furent point implacables d'avoir pleuré,
Si mon souvenir te fut doux
De toute la peine endurée,
Si l'ombre du sépulcre (peut-être) garde ta face calme,
Si ceux qui t'ont ensevelie (peut-être) ont dit :
Qu'elle est belle et douce dans la Mort
Et pardonnante dans la mort
Oh ! laisse-moi rentrer dans la vieille demeure,
Je suis celui qui prie et qui pleure.

Il frappe à la porte.

.

LA GARDIENNE,

à demi dans l'ombre et voilée.

Toi qui heurtes au nom du passé
Et de toute ta misère
Revenue à jamais sur tes pas effacés
Du fond de l'aventure amère,
O toi dont l'orgueil est faussé
Par les griffes de la chimère,

Entre !

Pauvre Ame ! quel laurier ombrage enfin ton soir
Las de ce morne ébat qui trompa ton espoir,
La torche
Eclaire-t-elle la route où ton pied s'écorche,
Quelle face viens-tu mirer à mes miroirs,
L'escorte de ta gloire hennit-elle au porche ?

Quel trophée éclatant de songes et d'épées,
Viens-tu dans l'ombre appendre au faste enfin des murs ?
Quel ruissellement de médailles frappées
En mémoire de magnifiques équipées
S'amoncelle-t-il sur les pavés durs ?

Non, rien que ta pâleur,
Et tes blessures et ta solitude et tes pleurs,
Et le doute, aux échos multipliés vers l'ombre,
D'un nom vaste à jamais de rumeurs et de larmes,
Et l'orgueil qui s'exalte au choc des armes,
En toute l'Ame,
Et se repent quand l'œuvre est faite et le ciel sombre.

Dis, qu'as-tu retrouvé des fleurs de notre joie
Au jardin dévasté?
Sous quelle couronne voit-on que ta tête ploie?
Quel vent de gloire a donc venté
Pour que ton manteau en loques déploie
Son pli ensanglanté?

Quels soleils éclatants ont lui
Pour que tes cheveux soient presque blancs dans la Nuit?

Entre :

J'aime ton regard qui ne s'étonne
Que je sois là;
Comme étaient nos printemps voici que nos automnes
Se retrouvent encore ainsi que nous voilà.

Les vains soirs ont saigné jusqu'en l'ombre, ô Passant,
D'orgueil triste, d'augustes gloires et de sang
Et qui, parti d'un songe au songe où tu reviens,
A travers l'erreur vaine et les torts anciens,
Marchais avec ton ombre attachée à tes pas
Sur la route infinie où tu peinais, hélas !

N'étais-je point toujours près de toi, moi, ton Ame,
J'étais ton ombre au soleil, le fantôme
Qui montait des feux dans la flamme,
Quand ta gloire campait sur le désastre des royaumes,
J'étais dans les regards que la misère affame,
Dans la tristesse de ceux qu'on acclame,
Mes mains ont soigné tes blessures bénies,
Et c'était moi que voyaient tes agonies.

Elle se recule dans l'ombre.

Je t'ouvre le château de songe et de sagesse
Où le seuil ruiné disjoint la porte haute,
Et si l'âtre allumé chauffe mal ta détresse,
Pense à tes jours perdus et pleures en la faute.

Si dans la forêt triste où le vent rôde et peine,
Les arbres, un à un, s'effeuillent aux ruisseaux,

Songe que c'est l'Automne où la vendange est vaine
A ceux qui, dès l'aurore, ont quitté les travaux.

Je t'attends sur le seuil où le soir est plus sombre
Que tout le crépuscule où ta douleur frissonne.
La demeure où j'accueille est la maison de l'ombre,
Et mon visage est grave en face de l'automne.

Comme à l'heure où jadis dans le jardin en fleurs
Ton âme tressaillit aux gloires devinées
J'ai le même conseil et les mêmes pâleurs
Qu'alors que j'implorais tes fausses Destinées.

Je suis la même encor, si ton Ame est la même
Que celle que l'Espoir aventurait au pli
De sa bannière haute, et je reste l'Emblème
Du passé qui persiste à travers ton oubli,

Viens je t'ouvre la porte, et si ton âme est vieille
De tant de soins perdus à son âpre folie,
Ne reproche qu'à toi le peu qu'à notre treille
Vendangeront ta faute et ta mélancolie

Que mon silence enfin soit ma seule réponse!
Si ma table de hêtre est frugale en festin,
Ma demeure s'accorde à celui qui renonce
Et qui remet ses mains aux mains de son Destin.

Quelqu'un songe
d'Heures et d'Années

Il passe des cortèges d'heures oubliées.

Francis Vielé-Griffin.

J'ai fleuri l'ombre de fleurs pâles
Et, du plafond jusques aux dalles,
J'ai drapé les murs à longs plis
De la couleur des jours perdus et des soirs morts
Où mes songes pâlis
En ombres plus pâles
Au travers de la trame apparaissent encor
Avec leur geste pur où tremble une fleur d'or.

Dans le silence du vieux et mélancolique logis,
De salle en salle et d'heure en heure,
Erre, sourit et pleure
Le Souvenir avec sa face de jadis
Et ses sandales
Muettes comme auprès de quelqu'un qui dort;

Sa lampe d'argent clair où brûle une huile d'or
Illumine le geste vigilant de ses mains pâles
Au front des Oublis
Qui, les yeux clos et les lèvres fermées,
En leurs cendreuses robes qu'agrafent des camées,
Accoudent leur sommeil aux bras des vieilles stalles.

Et mon âge habite le morne logis
Où, du plafond jusques aux dalles,
Descendent aux murs les longs plis
De la couleur des jours perdus et des soirs morts !
Les fenêtres hélas ! sont toutes vers le Nord,
Et l'horizon est de ciel, de routes et d'eaux

Oh ! que mes songes m'emmènent encor,
Comme jadis.
Le long des routes et des eaux,
Que mes Songes me guident encor
Du geste de leurs mains où tremblait la fleur d'or !

I

La pluie est douce, au crépuscule, sur la soie
Du manteau brodé d'anémones,
La pluie est douce sur les mains d'aumônes
De la pâle Amie qui s'apitoie,
Au crépuscule, sans qu'on la voie,
Sur les plus vieilles mendiantes de la forêt et les étonne
Par son sourire plus doux que son manteau de soie.

La pluie est douce et mouille les vieilles bures,
Et les loques et la peau dure
De la couleur des feuilles mortes,
Et le fagot de hêtre est lourd, et les socques
Des pauvres pieds sont tenaces aux feuilles mortes,
Et la sente boueuse est obscure
Qui mène vers le seuil des portes
Aux chaumières là-bas parmi les cultures.

La pluie est douce sur toute la forêt et sur les plaines.
L'obole tinte au pli des robes de laine
Et luit aux vieilles mains lourdes d'aumônes ;
Les falots éclairent la souche et la pierre et les bornes,
Et vacillent en l'eau des fontaines,
Et les pas lourds et monotones
S'en vont en écrasant les faînes.

Elle a donné l'obole et le manteau fleuri,
Ils sont passés et elle a souri...

II

,Au bois des frênes nous avons pleuré.
 Était-ce d'avoir quitté les bruyères
Où nous avions erré,
Et les collines et les prés,
Et les sentiers selon la courbe des rivières,
Était–ce à cause de vieux hivers
Et de tant d'hiers
Où nous avions pleuré?

 Au bois des frênes nous fûmes ceux-là
Qui songent si longtemps que l'ombre les étonne
Du jour bref qu'ils ont vécu là;
Les Étés à mi–voix incantent les Automnes,
Les rires ont pour écho les hélas ;
Ivres d'être la vie et d'amour monotone
Quels seront les demains de qui furent ceux-là.

Au bois des frênes le songe est pleuré,
La vie est morte et l'ombre est hier
L'Espoir est d'avoir espéré,
Le songe de vivre est erré ;
Le gué du ruisseau disparaît pierre à pierre,
Le soir est pâle comme une face de misère.

Le bois des frênes doux sous la pluie a pleuré !

III

Amour ! tes pampres frais noués aux thyrses frêles,
Tes oiseaux familiers au grain de tes corbeilles,
Et tes flûtes entre tes ifs et tes tombeaux,
Et ta face, parmi le ciel, et dans les eaux
Mirée éperdûment taciturne et trop pâle
Du soupçon d'un destin écrit dans une opale,
Et, parfois, patiente ou rieuse selon
D'autres sorts devinés aussi de bonheur long
Dans le béryl magique ou le diamant calme !

Le vent vaste et l'automne ont passé sur cette âme
Et, malgré la main tiède à son bois défleuri,
Le thyrse inefficace et stérile a péri.

Orgueil ! ta torche haute a brûlé jusqu'en l'ombre
Dans la salle déserte où s'allongea ton ombre

Et sa flamme, empourprant le poing qui la brandit
Et dont l'étreinte opiniâtre se roidit
Autour du tison tors où sa force est crispée
Comme au thyrse jadis délaissé pour l'épée,
De tout l'éclat dont elle éblouit les miroirs
Sur le morne pavé n'étend qu'un geste noir !

IV

C'est l'Heure triste avec la face d'un de mes songes,
Et le pas grave de mes douleurs,
Et mes mains de jadis lentes de pâles fleurs,
Et c'est mon ombre,
Et mes jours et mes soirs, hier! et leurs pâleurs
Avec la face de mes songes.

De la maison de ma vie
Là-bas, parmi le vent et les arbres, là-bas
Où mon âme a vécu ce qui ne s'oublie
Et dont on ne se souvient pas,
L'heure triste est venue, oubliée, et pâlie
De tant de feuilles mortes sous ses pas
Par les sentiers perdus, hélas, à qui l'oublie.

Avec ce qu'elle était lorsque je fus son hôte
Dans la vieille demeure de vie

Et comme elle était lorsque s'en vint une autre
Qu'une autre a suivie,
Telle que je l'ai vue alors face à face
Et déjà lasse
D'être celle qui est et passe,
D'être celle qui a passé.

Au seuil de la maison d'outre-vie
Le vent ferme la porte du passé !

L'Heure filtre en la chambre basse
Son sablier où le sable décroît et se tasse
Et le nom qu'elle écrit sur la cendre le vent l'efface.

Du fond de la mémoire et de l'inespéré
Tes pas viennent d'hier et ta face de l'ombre,
Et les fleurs que tu tiens fleurirent aux vieux jours
De mon âme et de ses soirs courts
Où te riais si pâle avant d'avoir pleuré,
O mon Ombre,
Toi l'heure de l'un de mes jours
Avec la face de mes songes.

V

Elle saigne loin des mains miséricordieuses
Cette chair pâle à qui sourit l'Enfant blessé
Que la vit ruisseler parmi les fleurs joyeuses
La sienne ! que des caresses insidieuses
Blessèrent quand il a passé,
Bénirent quand il fut blessé
Par les mains déjà miséricordieuses.

Elle pleure loin des hiers
Cette Douleur au regard grave
Et lourd des jours et du temps amer,
Ces yeux qui savent
La blessure enfantine de la chair
Et le mal plus grave
Des songes pâles
Elle pleure cette Douleur ! sur les grèves de la Mer.

Elle songe cette Tristesse ! et l'heure est morne
Du soir où s'est perdu son pas dans la forêt,
Et l'heure est morte
Comme Elle errait,
D'arbre en arbre, parmi les fruits d'or et de cendre,
Toujours plus lente
Jusqu'à s'être perdue au fond de la forêt.

Elle dort enfin sous la Nuit miséricordieuse
La pâle face, hélas ! qui fut l'Enfant blessé
Parmi les fleurs joyeuses,
Celle qui fut le lourd regard lassé
De douleurs graves et sérieuses,
Celle qui fut morose et curieuse
Et qui est pâle encore d'avoir vécu et taciturne
D'un vieux passé de pleur, de songe et d'amertume !

VI

Le soir chôme en la trêve, au seuil des rouets doux...

Le site est rude à peine encore de vieux houx
Attestant que la terre antique fut cruelle
A la douceur naïve en quête de l'agnelle,
A cette Ame qui fut si folle en le Bois noir
Et se reconnaît mal au tranquille miroir
Où d'elle son passé s'exile et la recule !

Les moissons mûres sous le tiède crépuscule
Les vergers lourds déjà, du déclin de l'Eté ;
Tout ce qu'il semble à notre songe avoir été :
Ce lent chemin entre des arbres et le fleuve,
Et comme cette écorce, hélas, une chair neuve
Avant la vie et l'aventure et l'ombre et l'an
Et le silence en pleurs sur le seuil vigilant.

VII

Les belles eaux et les ombrages et les portiques
Dont gisent les débris parmi les mauves
Doucereuses et mélancoliques,
Les belles eaux et les ombrages lourds aux roses
Qui s'étiolent à l'ombre des troncs antiques,
Les belles eaux
Doucereuses et mélancoliques
A mon Destin
Mirent en elles le décombre et le déclin
Des ombrages et des portiques.

Un vent faible erre d'arbre en arbre ;
Ton songe va de soir en soir,
Un oiseau chante d'arbre en arbre
Jusques au soir.
Tes Désirs sont passés avec le temps des roses !
Ta Tristesse s'accorde à la pâleur des mauves !

Le Bel Espoir
A ployé ses ailes de marbre,
Et le ciel noir
Pleure en larmes d'ombre sur sa face de marbre.

O songeur du vieux songe qui, d'âme en âme,
S'échange et passe,
De mains en mains et d'âge en âge
Cendre ou flamme,
Toi le même dont tes Désirs s'exaltaient de pourpres roses,
Toi le même dont ta Tristesse se couronne de pâles mauves,
Te voici face à face, enfin, avec ton soir
Où l'Espoir
Qui devant toi marcha sur le sable
Est muet à jamais en sa face de marbre.

VIII

Voici plus lents tes pas et tes mains plus prudentes
Et ton sourire est doux comme d'avoir pleuré
Et voici que, près de toi, avec leurs lampes
Les unes faibles et vacillantes,
Les autres où l'huile patiente a duré,
Marchent les Heures sages et les folles, promptes ou lentes
Selon qu'en a souri ton Désir ou pleuré !

Le crépuscule est clair où tu vas avec elles,
Le sentier est étroit où tu vas auprès d'elles,
Les fleurs que tu frôles sont pâles
Et les fleurs que parfois tu cueilles sur le sable
Ont un parfum amer et doux et tu vas pâle
Et tu chancelles
Entre les Folles et les Sages.

Te voici seule enfin loin d'elles et des lampes
Seule en le bois où tu entres
Plus pâle parmi l'ombre et plus lente...

Et la clef d'or scintille entre tes mains prudentes !

IX

Je songe aux autres...

Qu'est-il advenu de leurs soirs, Là-bas, dans l'ombre, là-bas
Qu'est-il advenu de leurs pas?
De sa face hautaine ou de son âme haute,
De l'orgueil d'un ou du rire d'un autre,
Où les ont menés le malheur ou la faute?
Qu'est-il advenu d'eux, dans leurs soirs, là-bas
De leur douleur, de leur tristesse, de la vôtre
Vous l'un de ceux-là et vous l'autre,
Qu'est-il advenu de vos pas?

J'entends des flèches dans le vent
Et des larmes dans le silence
Qu'est-il de vos destins dans les couchers en sang
Au fond des mornes ciels de cendres et de vent,
Votre face s'est elle vue à la fontaine

Eaux sans jouvence !
Où l'on s'apparaît à soi-même.

On heurte là-bas à des portes
Et j'entends qu'on mendie au coin des carrefours ;
Mon soir est inquiet de vos jours ;
J'entends des voix basses et des voix fortes
Celle qui prie et qui gourmande, et tour à tour,
Comme vivantes et comme mortes
Au fond des jours !

A-t il trouvé la clef, a-t-il ouvert la porte,
Joie ou Douleur qui fut l'hôtesse?

S'il est advenu de leurs soirs
Ce qui advint de leurs espoirs...

Que la Nuit vienne sur nos soirs !

X

Ma Tristesse eut pleuré ton Destin taciturne
Qui s'accouda longtemps en face du beau soir
A la fontaine où les étoiles, une à une,
Ont lui dans l'eau morose où n'a pas bu l'Espoir !

Le jardin a fleuri jusques à tes mains pures
Son silence, sa joie et sa sérénité,
Et ton geste écarta comme des impostures
Ces délices pour toi qui n'auront pas été.

Devant le songe au loin de tes ans monotones
Les doux Printemps sont nés insipides et courts,
Et les grands vents par qui succombent les Automnes
Ont effeuillé les bois et défleuri les jours.

Ton Destin a compté ses heures, une à une,
Ma Tristesse, sa Sœur, n'a pas pleuré sur lui,
O Toi qui pour passer les fleuves taciturnes
Ne portes pas de fleurs et marches vers la Nuit !

XI

Les fruits du passé, mûrs d'ombre et de songe,
En leur écorce où jutent des coulures d'or,
Pendent et tombent,
Un à un et un encor,
Dans le verger de songe et d'ombre.

Le crépuscule doux décline et se ravive,
Parfois d'un soleil pâle à travers les arbres,
Et l'heure arrive
Où, un à un, arbre par arbre,
Le vent touche les beaux fruits qui oscillent
Et heurtent leurs tièdes ors pâles
Et tremblent encor,
Quand le vent a passé et que l'ombre est tranquille
Et tombent, un à un et un encor.

La Tristesse a mûri ses fruits d'ombre
Aux doux vergers de notre songe,
Où le passé sommeille, tressaille et se rendort,
Au bruit de ses fruits mûrs qui tombent,
A travers l'oubli dans la mort,
Un à un et un encor.

XII

Au bord de tes silencieuses eaux, Mémoire,
Où tu penches ta face et la tienne, Tristesse !
Vous vous tenez comme les deux Sœurs de ma vie,
L'une pâle et l'autre pâlie
De tout ce que sait l'une et que l'autre n'oublie,
Et l'eau silencieuse où se voit la Mémoire
Lui montre son visage auprès du tien, Tristesse !

Tendez vos pâles mains sur l'eau qui les reflète
Vers celui qui s'en vient à vous de l'autre rive ;
Ses yeux ont pleuré le souci de vivre,
Ses pas ont marché l'épreuve d'être,
Les fruits de son Désir tombaient pourris des branches mortes,
Les fleurs de son Orgueil séchaient en ses mains viles,
La clef de sa Science n'ouvrait plus le secret des portes ;
Il a pleuré le souci de vivre,
Il a marché la honte d'être

Et le voici qui vient à vous de l'autre rive,
Tendez vers lui vos mains sur l'eau qui les reflète.

Vous qui teniez jadis les fleurs de mes Années
D'accord avec mes Destinées
Et les clefs de mon Espoir
En vos belles mains, ô Mémoire,
Et toi, Tristesse, qui songez comme deux Sœurs
Auprès de l'eau où vous avez jeté la clef et les fleurs
De mes plus belles Destinées
Laissez m'y voir, hélas, penché sur son mirage
Le taciturne aspect où mon sort s'envisage.

XIII

Un doux visage m'a souri
De ses belles lèvres incertaines,
O douce âme je sais les routes où tu mènes !
Et comme elle passait son visage a souri
Et l'heure à son geste a fleuri
Avec l'emblème
D'un lys frêle qui tremble à ses mains incertaines.

Le Temps triste a fleuri ses heures en fleurs mortes,
L'An qui passe a jauni ses jours en feuilles sèches,
L'Aube pâle s'est vue à des eaux mornes
Et les faces du soir ont saigné sous les flèches
Du vent mystérieux qui rit et qui sanglote,

Le doux visage reparut enfin,
Tristesse taciturne à ses lèvres certaines !
Entre les arbres, sur le chemin...

— O douce âme te voici pour que tu m'emmènes —
Et le silence et l'heure ont fleuri son Destin
Avec l'emblème
D'un beau lys qui se brise entre ses mains certaines.

Dans la haute salle simple et grave où ma Mémoire
S'accoude et songe pour toujours,
Dans la salle aux murs de marbres et de miroirs
Où son image se répercute comme au fond des jours,
En silence, avec sa robe rose et noire,
Avec sa face pâle sous ses cheveux lourds,
C'est la Mémoire,
Sœur de mes jours et de mes soirs.

Sur une table d'ébène voici, hautain
Pur et svelte et triste comme un malencontreux et beau Destin,
Un vase incrusté de mortes opales anciennes
Parmi le gel d'eau terne du vieil étain
Que mire la table d'ébène.
Le métal semble mort autour des pierres mortes,
Les opales s'enfoncent parmi l'étain
Et l'arabesque oscille autour des pierres mortes.

Dans le vase qui se mire au fond de l'ébène
Voici, hautaine
Sur sa tige frêle et faible, une fleur
Mélancolique, rigide, épanouie et pâle,
O Douleur
Est-ce toi, cette fleur ?
Et bien que nul ne marche dans la salle
Autour de la table d'ébène
Et que rien ne passe au dehors,
Et qu'aucune main ne frappe à la porte,
Et que les opales soient mortes,
Sur la table, et jusques au fond des miroirs morts,
La fleur triste en le vase de terne étain,
La fleur emblématique d'un soucieux Destin,
La fleur tremble...

Et dans la haute salle plus grave ma Mémoire
S'accoude et songe et semble,
Parmi les marbres et les miroirs,
Plus triste en sa robe rose et noire,
Plus pâle sous ses cheveux lourds
Et plus seule, là, pour toujours.

La Demeure

Tout s'est tu. Le soleil s'abîme et disparaît.

J. M. DE HEREDIA.

O Demeure,
La chimère accroupie à ton foyer désert,
Parmi les cendres et parmi les fleurs de fer,
Est morte et nulle flamme à présent ne la tord
D'un vivace sursaut en ses écailles d'or
Et ses ailes d'airain ne battent plus dans l'ombre !

O Demeure,
L'Horloge de cuivre, d'ébène et de cristal
Lourde aux cariatides du piédestal
Ne marque plus le Temps d'hier ou d'aujourd'hui
De ses poids où montait le Jour après la Nuit
Selon que la lumière avait l'âge de l'ombre !

O Demeure,
Tout est mort et toi même autour de mon Destin
Qui veille pour jamais d'accord à l'âtre éteint

Où le bois confronta ses cendres à mon songe
Et mon loisir stérile, encore, se prolonge
Pierre à pierre d'ouïr le bruit de ton décombre
Qui choit du mur inerte et du plafond lassé
Et dont un autre écho croule dans mon passé!

O Demeure,
Ma Tristesse sanglote aux marches de ton seuil,
Mon Orgueil
Taciturne s'accoude auprès de ton foyer;
Le visage de ma colère s'est ployé
Et cache en son manteau sa honte qu'elle pleure,

Et mon Ame, ce soir, est seule en la Demeure!

Que l'antique maison soit douce au dévoyé
Pour qui les vieux chemins n'ont plus de but vers l'ombre.

Que d'aubes ont blanchi tes fenêtres!
Les crépuscules gris comme tes vieilles pierres
Ont bercé le sommeil de tes ans solitaires.
Que soit bonne ta paix à l'âge de ton Maître!

Les soleils de l'Été t'ont rongée et l'effort
Du large vent d'automne en peine vers le Nord

A ruisselé de pluie à tes larmiers, ô douce,
Là encor,
Avec tes pierres et tes tuiles et tes mousses,
Là toujours,
Malgré l'Ombre et la Nuit et le Temps et les Jours
Avec ta haute porte ouverte sur la route.

Les pas sont morts sur le chemin comme en mon âme
S'est tu l'âpre tumulte en fête des vieux jours :
L'amble égal, les galops lourds,
Le geste secouant l'Épée et l'Oriflamme,
La lance et son éclair, la torche et sa flamme ;
Le chariot tenace à l'ornière
Et la litière
Laissant traîner les franges d'or de ses velours
Jusques en l'herbe et la poussière :
Tout est mort, tout est éteint, tout a passé avec les Jours
Et la route est déserte et tu veilles toujours,
O Demeure,
Sur la route et le fleuve triste qui la longe.

Les voiles étaient belles au vent et dociles,
Les barques lentes naviguaient entre les îles
Et la proue y frôlait des fleurs en passant...
Les pavillons traînaient en des remous de moire

Et les haleurs courbés qui chantaient en halant
Pas à pas côtoyaient dans l'eau leur ombre noire.

Puis le Passeur, un jour, délaissa l'eau guéable ;
Le fleuve maintenant s'est perdu dans les sables...

Garde-moi des passants du fleuve et de la route,
Garde-moi des passants de l'aurore et du soir,
Que nulle main ne heurte plus à ton heurtoir
O Porte !
Que nulle voix ne parle sous ta voûte
O Salle !
Que nul regard n'interroge ta cendre
O Foyer !
Je sais le songe noir que la Passante apporte
Et le bruit de son pas sur le seuil et la dalle.
Maison sur qui la Nuit encore va descendre
Garde mon âme, hélas ! des Passantes de l'Ombre !

Ce fut, un soir, au temps des plus vieilles Années
Où mon Ame sentait venir ses Destinées.

C'était un soir au fond des tragiques Années !

Le soleil mourait sur les forêts vastes et mornes,

Le soleil entrait dans l'ombre des forêts
Et j'errais,
Comme en un songe violent et morne,
Parmi toute la Nuit des antiques forêts;
J'errais, parmi des soirs de songe et de colère,
Loin du seuil grave de la maison tutélaire,
Au cri des cornes et des cors,
Éperdument rué à travers des essors
De grands oiseaux battant des ailes sous les flèches!
Un sang tiède pleuvait dans les fontaines fraîches
Et les ronces griffaient ma course et dans ma Nuit
Quelque chose de mystérieux avait fui
Dont la blancheur saignait en pourpre dans l'aurore.

Le vent prestigieux était pour moi sonore
De chocs vastes et clairs de lances et d'épées...
La faulx semblait saigner parmi les fleurs coupées
Au geste du faucheur que je voyais du seuil,
De l'aube jusqu'au soir stérile à mon orgueil,
Travailler dans la plaine et s'asseoir sur la route.

Le vent criait vers moi la horde et la déroute
Et j'écoutais, debout dans l'ombre, taciturne
A tout ce qui séjourne au fond du crépuscule,
Si, par delà le large fleuve et ses eaux noires,

Les buccins, dans le vent, des antiques Victoires
N'allaient pas, à travers le soir qui les endort,
Sonner jusqu'en mon songe aux lèvres de la Mort !

Ce fut un soir au temps des tragiques années,
Elle vint avec mes Destinées !

La hache avec l'épée en trophée au vieux mur
Croisait son tranchant clair à sa lame éclatante ,
Et mon Désir était obscur
En mon Ame vigilante !

Mes rêves suffoquaient de courroux et de haine
J'étais l'adolescent qui pense au glaive nu
Comme à la nudité d'une dame hautaine ;
J'étais celui pour qui l'inconnu
A des faces en sang parmi des jeux d'épées,
Celui à qui, parmi ses rêves, le Destin
Parle à l'oreille avec des voix d'or et d'airain
Et qu'il accueillera de Fortunes drapées
Du pli qui se bossue à des pommeaux d'épées .

Un amas de colère était en toi,
O mon Ame,
Quand, Passante au visage de femme,

Elle vint à travers mon Songe jusqu'à toi

Sur les marches du seuil, debout avec sa torche,
Elle vint et son cheval hennissait au porche
Creusant le sol du bout de son sabot de fer ;
Elle entra dans mon songe à sa venue ouvert,
Suscitatrice enfin apparue au décombre,
Elle la prodigieuse Errante de l'ombre !
Et de l'éclat révélateur de son flambeau
Toute mon âme tressaillit comme un tombeau
Dont on ouvre la porte à quelque approche ardente
Toute mon âme tressaillit, torche éclatante,
A ta lueur qui, en face de mon Destin,
Projetait au pavé, du haut d'un poing hautain,
L'ombre de la Passante et de la Parvenue !

L'éclair d'un glaive était pareil à sa peau nue,
Le geste de sa main était victorieux,
Son pas avait l'orgueil du triomphe ; ses yeux
La couleur des beaux ciels que pleure à leur aurore
L'angoisse des blessés qui veulent vivre encore ;
Sa stature imposait à ses robes guerrières
Les plus glorieux plis des antiques bannières
Et la pointe de son beau sein adolescent
Était comme gemmé d'une goutte de sang ;

Ses lourds cheveux dont ses tempes étaient voilées
Semblaient avoir flotté jadis sur les mêlées
A tout le vent épars de toutes les colères,
Et vers Elle, comme vers Celle qui libère,
Mystérieuse, survenue et déjà haïe,
Mes Désirs tressaillaient en mon âme envahie
Et dressaient hors du songe où dormit leur couvée
L'arrogance de l'aile et la griffe levée.

Alors avec son geste dur et son silence,
De sa main lourde encor du chef jadis coupé,
Au mur où luisait ton trophée, ô Violence !
Mystérieux et clair comme un jour qui se lève
Elle m'a désigné, pour la suivre, le glaive.

Elle m'a désigné le Glaive et j'ai frappé.

Des soirs après des soirs ont passé sur mon âme
Et des soirs et des soirs ont vieilli sur ma face
A marcher dans un songe violent et morne,
A travers le fer et la flamme,
De soirs en soirs, et sans que la Gloire fût lasse
De fuir devant mon songe obstiné sur sa trace,
Jusques au jour enfin qu'à bout du songe morne
Je me suis senti triste et j'ai pleuré

D'avoir erré
Parmi tout ce tumulte à toute cette honte
Et j'ai lavé le sang tenace à ma main prompte,
Agenouillé plus bas de toute ma hauteur,
A l'eau du fleuve pur et purificateur
Et j'ai jeté mon glaive à l'onde qui passait
Ainsi que s'en allait cette âme qui ne sait
Plus rien de toute sa colère misérable.

Le fleuve maintenant s'est perdu dans les sables
Et les chemins pour moi n'ont plus de but vers l'ombre...

O Demeure
Tu sais mon âme faible et tous ses mauvais songes
Et les pas qui vers moi proviennent de la Nuit
Et qu'une autre survient sitôt qu'une autre fuit

Hélas ! garde ma paix des Passantes de l'ombre.

Elle vint aussi vers le soir
Avec le visage doux et pâle de l'Espoir !

Elle m'a dit le songe doux des lents Étés,
Le rêve d'être deux parmi toute la vie,

La joie autre que toute joie et qui sourie,
Les caresses simples comme des chastetés
Et l'aube toujours blanche et le ciel toujours clair.

Elle m'a dit le songe étrange de l'amour,
La torpeur oublieuse et le réveil amer
Du sommeil dormi parmi la chevelure,
Le visage méchant parmi la chevelure
Et la Luxure
Bestiale et fauve
Nouant avec un rire et nue un lacs de roses
Au cou du Sphinx qui veille au chevet de l'Amour.

C'était le soir
Des larmes ruisselèrent sur le visage de l'Espoir.

A la coupe tendue à mon désir avide
J'ai bu l'ivresse ardente où s'empourpra mon songe ;
C'était comme un pays misérable et splendide,
Les cygnes d'Amathonle et les roses de Gnide,
Des bois où le vent berce aux cyprès des colombes,
Et des faces mirant leurs délices en pleurs
A des lacs pâles parmi de hautes fleurs
Sous des ciels corrodés d'un couchant qui s'oxyde.

Ce fut un soir
Que vint à mon foyer s'asseoir
L'Amour avec la figure de l'Espoir
Et j'ai jeté la coupe, hélas, comme le fer !
Gardez moi de la gloire et de l'amour amer.

… D'autres vinrent encor au soir des autres temps !

Une entre autres qui me dit : prends !
Ses froides mains laissaient, tenaces et maigries,
Une à une tomber des pierreries
Et comme je rampais à terre pour les prendre
Ma honte ramassa du sable et de la cendre

Tous les songes de l'ombre ont passé sur mon âme
Et chacun avec une face de mon Désir
S'est dressé, tour à tour, sur le seuil de ma porte,
Tentateur, à son tour, de mon morne loisir
Et dès que j'eus saisi le glaive elle était morte
La colère éblouie en qui je fus coupable
D'un geste furieux de mon bras vers la Gloire,
Le songe de l'Amour fut doux et misérable
La coupe s'est brisée à la dalle
Où l'orgueil a courbé son stupide déboire
Sur la pierrerie illusoire !

Qui viendrait maintenant de l'ombre à ma Tristesse
Seule sœur qui convienne à l'âtre éteint.

Les Passantes d'un soir ont fait place à l'Hôtesse

O Demeure,
La Chimère accroupie à ton foyer désert,
Parmi les cendres et parmi les fleurs de fer,
Est morte avec l'Horloge et comme mon Destin
Et mon âme ce soir est seule en la demeure
Habitée à jamais d'un songe taciturne.

Que tes pierres, hélas, s'écroulent une à une,
De soirs en soirs,
Et que la Nuit séjourne à jamais taciturne
Muette et pour toujours en deuil du passé noir
Sans qu'à tout son silence encore ne déroge
Aucun sursaut de la Chimère ou de l'Horloge
Et sans que puisse rien, du repos qu'il se songe,
Distraire mon Destin d'avoir l'âge de l'Ombre !

Exergue

Au carrefour des routes de la forêt, un soir,
Parmi le vent, avec mon ombre, un soir,
Las de la cendre des âtres et des années,
Incertain des heures prédestinées,
Je vins m'asseoir.

Les routes s'en allaient vers les jours
Et j'aurais pu aller avec elles encor,
Et toujours,
Vers des terres, des eaux et des songes, toujours
Jusques au jour
Où, de ses mains magiques et patientes, la Mort
Aurait fermé mes yeux du sceau de sa fleur de paix et d'or.

Route des chênes hauts et de la solitude
Ta pierre âpre est mauvaise aux lassitudes,
Tes cailloux durs aux pieds lassés,
Et j'y verrais saigner le sang de mon passé,
A chaque pas,
Et les chênes hautains grondent dans le vent rude
Et je suis las !

Route des bouleaux clairs qui s'effeuillent et tremblent,
Pâles comme la honte de tes passants pâles
Qui s'égarent en tes fanges tenaces,
Et vont ensemble,
Et se détournent pour ne pas se voir face à face!
Route de boue et d'eau qui suinte
Le vent à tes feuilles chuchote sa plainte,
Les grands marais d'argent, de lunes et de givre
Stagnent au crépuscule au bout de tes chemins
Et l'Ennui à qui veut te suivre
Lui prend la main!

Route des frênes doux et des sables légers
Où le vent efface les pas et veut qu'on oublie
Et qu'on s'en aille ainsi qu'il s'en va d'arbre en arbre!
Tes fleurs de miel ont la couleur de l'or des sables,
Ta courbe est telle qu'on voit à peine où l'on dévie;
La ville où tu conduis est bonne aux étrangers
Et mes pas seraient doux sur le seuil de ses portes
S'ils n'étaient pas restés le long d'une autre vie
Où mes Espoirs en pleurs veillent des Ombres mortes

Je n'irai pas vers vos chênes
Ni le long de vos bouleaux et de vos frênes

Et ni vers vos soleils, vos villes et vos eaux,
O routes !
J'entends venir les pas de mon passé qui saigne,
Les pas que j'ai crus morts, hélas et qui reviennent,
Et qui semblent me précéder en vos échos,
O routes,
Toi la facile, toi la honteuse, toi la hautaine,
Et j'écoute
Le vent, compagnon de mes courses vaines,
Qui marche et pleure sous les chênes.

O mon âme, le soir est triste sur hier,
O mon âme, le soir est morne sur demain
O mon âme, le soir est grave sur toi-même !

ACHEVÉ D'IMPRIMER

LE 11 AVRIL 1892

SUR LES PRESSES DE

NOIZETTE, 8, RUE CAMPAGNE-PREMIÈRE,

pour le compte de la

LIBRAIRIE DE L'ART INDÉPENDANT

11, RUE DE LA CHAUSSÉE-D'ANTIN, 11

PARIS